CET *agenda* APPARTIENT À:

Vous voulez des cadeaux gratuits?

Écrivez-nous par courriel à l'adresse suivante:

agenda2019fr@papeteriebleu.com

Retrouvez-nous sur Instagram et Facebook!

@papeteriebleu

Papeterie Bleu

www.papeteriebleu.com

Questions et service clients
Écrivez-nous par courriel à l'adresse suivante:
agenda2019fr@papeteriebleu.com

JANVIER 2019

S	M	T	W	T	F	S
		1	2	3	4	5
6	7	8	9	10	11	12
13	14	15	16	17	18	19
20	21	22	23	24	25	26
27	28	29	30	31		

FÉVRIER 2019

S	M	T	W	T	F	S
					1	2
3	4	5	6	7	8	9
10	11	12	13	14	15	16
17	18	19	20	21	22	23
24	25	26	27	28		

MARS 2019

S	M	T	W	T	F	S
					1	2
3	4	5	6	7	8	9
10	11	12	13	14	15	16
17	18	19	20	21	22	23
24	25	26	27	28	29	30
31						

AVRIL 2019

S	M	T	W	T	F	S
	1	2	3	4	5	6
7	8	9	10	11	12	13
14	15	16	17	18	19	20
21	22	23	24	25	26	27
28	29	30				

MAI 2019

S	M	T	W	T	F	S
			1	2	3	4
5	6	7	8	9	10	11
12	13	14	15	16	17	18
19	20	21	22	23	24	25
26	27	28	29	30	31	

JUIN 2019

S	M	T	W	T	F	S
						1
2	3	4	5	6	7	8
9	10	11	12	13	14	15
16	17	18	19	20	21	22
23	24	25	26	27	28	29
30						

JUILLET 2019

S	M	T	W	T	F	S
	1	2	3	4	5	6
7	8	9	10	11	12	13
14	15	16	17	18	19	20
21	22	23	24	25	26	27
28	29	30	31			

AOÛT 2019

S	M	T	W	T	F	S
				1	2	3
4	5	6	7	8	9	10
11	12	13	14	15	16	17
18	19	20	21	22	23	24
25	26	27	28	29	30	31

SEPTEMBRE 2019

S	M	T	W	T	F	S
1	2	3	4	5	6	7
8	9	10	11	12	13	14
15	16	17	18	19	20	21
22	23	24	25	26	27	28
29	30					

OCTOBRE 2019

S	M	T	W	T	F	S
		1	2	3	4	5
6	7	8	9	10	11	12
13	14	15	16	17	18	19
20	21	22	23	24	25	26
27	28	29	30	31		

NOVEMBRE 2019

S	M	T	W	T	F	S
					1	2
3	4	5	6	7	8	9
10	11	12	13	14	15	16
17	18	19	20	21	22	23
24	25	26	27	28	29	30

DÉCEMBRE 2019

S	M	T	W	T	F	S
1	2	3	4	5	6	7
8	9	10	11	12	13	14
15	16	17	18	19	20	21
22	23	24	25	26	27	28
29	30	31				

JANVIER

DIMANCHE	LUNDI	MARDI	MERCREDI
		1	2
6	7	8	9
13	14	15	16
20	21	22	23
27	28	29	30

2019

JEUDI	VENDREDI	SAMEDI
3	4	5
10	11	12
17	18	19
24	25	26
31		

- [ ]
- [ ]
- [ ]
- [ ]
- [ ]
- [ ]
- [ ]
- [ ]
- [ ]
- [ ]
- [ ]
- [ ]
- [ ]
- [ ]
- [ ]
- [ ]
- [ ]
- [ ]

JANVIER

S	M	T	W	T	F	S
		1	2	3	4	5
6	7	8	9	10	11	12
13	14	15	16	17	18	19
20	21	22	23	24	25	26
27	28	29	30	31		

FÉVRIER

S	M	T	W	T	F	S
					1	2
3	4	5	6	7	8	9
10	11	12	13	14	15	16
17	18	19	20	21	22	23
24	25	26	27	28		

31

LUNDI

1

MARDI

2

MERCREDI

3

JEUDI

DÉCEMBRE '18-JANVIER

4
VENDREDI

5
SAMEDI

6
DIMANCHE

7
LUNDI

8
MARDI

9
MERCREDI

10
JEUDI

JANVIER

11
VENDREDI

12
SAMEDI

13
DIMANCHE

14
LUNDI

15
MARDI

16
MERCREDI

17
JEUDI

JANVIER

18
VENDREDI

19
SAMEDI

20
DIMANCHE

21
LUNDI

22
MARDI

23
MERCREDI

24
JEUDI

JANVIER

25
VENDREDI

26
SAMEDI

27
DIMANCHE

FÉVRIER

DIMANCHE	LUNDI	MARDI	MERCREDI
3	4	5	6
10	11	12	13
17	18	19	20
24	25	26	27

2019

JEUDI	VENDREDI	SAMEDI
	1	2
7	8	9
14	15	16
21	22	23
28		

- ☐ ____________
- ☐ ____________
- ☐ ____________
- ☐ ____________
- ☐ ____________
- ☐ ____________
- ☐ ____________
- ☐ ____________
- ☐ ____________
- ☐ ____________
- ☐ ____________
- ☐ ____________
- ☐ ____________
- ☐ ____________
- ☐ ____________
- ☐ ____________
- ☐ ____________
- ☐ ____________

JANVIER

S	M	T	W	T	F	S
		1	2	3	4	5
6	7	8	9	10	11	12
13	14	15	16	17	18	19
20	21	22	23	24	25	26
27	28	29	30	31		

FÉVRIER

S	M	T	W	T	F	S
					1	2
3	4	5	6	7	8	9
10	11	12	13	14	15	16
17	18	19	20	21	22	23
24	25	26	27	28		

28
LUNDI

☐
☐
☐
☐
☐
☐
☐
☐

29
MARDI

☐
☐
☐
☐
☐
☐
☐
☐

30
MERCREDI

☐
☐
☐
☐
☐
☐
☐
☐

31
JEUDI

☐
☐
☐
☐
☐
☐
☐
☐

JANVIER-FÉVRIER

1
VENDREDI

2
SAMEDI

3
DIMANCHE

4
LUNDI

5
MARDI

6
MERCREDI

7
JEUDI

FÉVRIER

8
VENDREDI

9
SAMEDI

10
DIMANCHE

11
LUNDI

12
MARDI

13
MERCREDI

14
JEUDI

FÉVRIER

15
VENDREDI

16
SAMEDI

17
DIMANCHE

18
LUNDI

19
MARDI

20
MERCREDI

21
JEUDI

FÉVRIER

22
VENDREDI

23
SAMEDI

24
DIMANCHE

MARS

DIMANCHE	LUNDI	MARDI	MERCREDI
3	4	5	6
10	11	12	13
17	18	19	20
24	25	26	27
31			

2019

JEUDI	VENDREDI	SAMEDI
	1	2
7	8	9
14	15	16
21	22	23
28	29	30

- [ ]
- [ ]
- [ ]
- [ ]
- [ ]
- [ ]
- [ ]
- [ ]
- [ ]
- [ ]
- [ ]
- [ ]
- [ ]
- [ ]
- [ ]
- [ ]
- [ ]
- [ ]
- [ ]
- [ ]
- [ ]

FÉVRIER

S	M	T	W	T	F	S
					1	2
3	4	5	6	7	8	9
10	11	12	13	14	15	16
17	18	19	20	21	22	23
24	25	26	27	28		

MARS

S	M	T	W	T	F	S
					1	2
3	4	5	6	7	8	9
10	11	12	13	14	15	16
17	18	19	20	21	22	23
24	25	26	27	28	29	30
31						

25
LUNDI

26
MARDI

27
MERCREDI

28
JEUDI

FÉVRIER-MARS

1
VENDREDI

2
SAMEDI

3
DIMANCHE

4
LUNDI

5
MARDI

6
MERCREDI

7
JEUDI

MARS

8
VENDREDI

9
SAMEDI

10
DIMANCHE

11
LUNDI

12
MARDI

13
MERCREDI

14
JEUDI

MARS

15
VENDREDI

16
SAMEDI

17
DIMANCHE

18
LUNDI

19
MARDI

20
MERCREDI

21
JEUDI

MARS

22
VENDREDI

23
SAMEDI

24
DIMANCHE

25
LUNDI

26
MARDI

27
MERCREDI

28
JEUDI

MARS

29
VENDREDI

30
SAMEDI

31
DIMANCHE

AVRIL

DIMANCHE	LUNDI	MARDI	MERCREDI
	1	2	3
7	8	9	10
14	15	16	17
21	22	23	24
28	29	30	

2019

JEUDI	VENDREDI	SAMEDI
4	5	6
11	12	13
18	19	20
25	26	27

☐
☐
☐
☐
☐
☐
☐
☐
☐
☐
☐
☐
☐
☐
☐
☐
☐
☐

MARS

S	M	T	W	T	F	S
					1	2
3	4	5	6	7	8	9
10	11	12	13	14	15	16
17	18	19	20	21	22	23
24	25	26	27	28	29	30
31						

AVRIL

S	M	T	W	T	F	S
	1	2	3	4	5	6
7	8	9	10	11	12	13
14	15	16	17	18	19	20
21	22	23	24	25	26	27
28	29	30				

1
LUNDI

2
MARDI

3
MERCREDI

4
JEUDI

AVRIL

5
VENDREDI

6
SAMEDI

7
DIMANCHE

8
LUNDI

9
MARDI

10
MERCREDI

11
JEUDI

AVRIL

12
VENDREDI

13
SAMEDI

14
DIMANCHE

15

LUNDI

16

MARDI

17

MERCREDI

18

JEUDI

AVRIL

19
VENDREDI

20
SAMEDI

21
DIMANCHE

22
LUNDI

23
MARDI

24
MERCREDI

25
JEUDI

AVRIL

26
VENDREDI

27
SAMEDI

28
DIMANCHE

MAI

DIMANCHE	LUNDI	MARDI	MERCREDI
			1
5	6	7	8
12	13	14	15
19	20	21	22
26	27	28	29

2019

JEUDI	VENDREDI	SAMEDI
2	3	4
9	10	11
16	17	18
23	24	25
30	31	

- ☐ ____
- ☐ ____
- ☐ ____
- ☐ ____
- ☐ ____
- ☐ ____
- ☐ ____
- ☐ ____
- ☐ ____
- ☐ ____
- ☐ ____
- ☐ ____
- ☐ ____
- ☐ ____
- ☐ ____
- ☐ ____
- ☐ ____
- ☐ ____

AVRIL

S	M	T	W	T	F	S
	1	2	3	4	5	6
7	8	9	10	11	12	13
14	15	16	17	18	19	20
21	22	23	24	25	26	27
28	29	30				

MAI

S	M	T	W	T	F	S
			1	2	3	4
5	6	7	8	9	10	11
12	13	14	15	16	17	18
19	20	21	22	23	24	25
26	27	28	29	30	31	

29
LUNDI

30
MARDI

1
MERCREDI

2
JEUDI

AVRIL-MAI

3
VENDREDI

4
SAMEDI

5
DIMANCHE

6
LUNDI

7
MARDI

8
MERCREDI

9
JEUDI

MAI

10
VENDREDI

11
SAMEDI

12
DIMANCHE

13
LUNDI

14
MARDI

15
MERCREDI

16
JEUDI

MAI

17
VENDREDI

18
SAMEDI

19
DIMANCHE

20
LUNDI

21
MARDI

22
MERCREDI

23
JEUDI

MAI

24
VENDREDI

25
SAMEDI

26
DIMANCHE

JUIN

DIMANCHE	LUNDI	MARDI	MERCREDI
2	3	4	5
9	10	11	12
16	17	18	19
23	24	25	26
30			

2019

JEUDI	VENDREDI	SAMEDI
		1
6	7	8
13	14	15
20	21	22
27	28	29

☐ ______
☐ ______
☐ ______
☐ ______
☐ ______
☐ ______
☐ ______
☐ ______
☐ ______
☐ ______
☐ ______
☐ ______
☐ ______
☐ ______
☐ ______
☐ ______
☐ ______
☐ ______
☐ ______
☐ ______
☐ ______

MAI

S	M	T	W	T	F	S
			1	2	3	4
5	6	7	8	9	10	11
12	13	14	15	16	17	18
19	20	21	22	23	24	25
26	27	28	29	30	31	

JUIN

S	M	T	W	T	F	S
						1
2	3	4	5	6	7	8
9	10	11	12	13	14	15
16	17	18	19	20	21	22
23	24	25	26	27	28	29
30						

27
LUNDI

28
MARDI

29
MERCREDI

30
JEUDI

MAI-JUIN

31
VENDREDI

1
SAMEDI

2
DIMANCHE

3

LUNDI

4

MARDI

5

MERCREDI

6

JEUDI

JUIN

7 VENDREDI

8 SAMEDI

9 DIMANCHE

10
LUNDI

11
MARDI

12
MERCREDI

13
JEUDI

JUIN

14
VENDREDI

15
SAMEDI

16
DIMANCHE

17
LUNDI

18
MARDI

19
MERCREDI

20
JEUDI

JUIN

21
VENDREDI

22
SAMEDI

23
DIMANCHE

24
LUNDI

25
MARDI

26
MERCREDI

27
JEUDI

JUIN

28
VENDREDI

29
SAMEDI

30
DIMANCHE

JUILLET

DIMANCHE	LUNDI	MARDI	MERCREDI
	1	2	3
7	8	9	10
14	15	16	17
21	22	23	24
28	29	30	31

2019

JEUDI	VENDREDI	SAMEDI
4	5	6
11	12	13
18	19	20
25	26	27

☐ ☐ ☐ ☐ ☐ ☐ ☐ ☐ ☐ ☐ ☐ ☐ ☐ ☐ ☐ ☐ ☐ ☐

JUIN

S	M	T	W	T	F	S
						1
2	3	4	5	6	7	8
9	10	11	12	13	14	15
16	17	18	19	20	21	22
23	24	25	26	27	28	29
30						

JUILLET

S	M	T	W	T	F	S
	1	2	3	4	5	6
7	8	9	10	11	12	13
14	15	16	17	18	19	20
21	22	23	24	25	26	27
28	29	30	31			

1
LUNDI

2
MARDI

3
MERCREDI

4
JEUDI

JUILLET

5
VENDREDI

6
SAMEDI

7
DIMANCHE

8
LUNDI

9
MARDI

10
MERCREDI

11
JEUDI

JUILLET

12
VENDREDI

- [ ]
- [ ]
- [ ]
- [ ]
- [ ]
- [ ]
- [ ]
- [ ]

13
SAMEDI

- [ ]
- [ ]
- [ ]
- [ ]
- [ ]
- [ ]
- [ ]
- [ ]

14
DIMANCHE

- [ ]
- [ ]
- [ ]
- [ ]
- [ ]
- [ ]
- [ ]
- [ ]

15
LUNDI

16
MARDI

17
MERCREDI

18
JEUDI

JUILLET

19
VENDREDI

20
SAMEDI

21
DIMANCHE

22
LUNDI

23
MARDI

24
MERCREDI

25
JEUDI

JUILLET

26
VENDREDI

27
SAMEDI

28
DIMANCHE

AOÛT

DIMANCHE	LUNDI	MARDI	MERCREDI
4	5	6	7
11	12	13	14
18	19	20	21
25	26	27	28

2019

JEUDI	VENDREDI	SAMEDI
1	2	3
8	9	10
15	16	17
22	23	24
29	30	31

JUILLET

S	M	T	W	T	F	S
	1	2	3	4	5	6
7	8	9	10	11	12	13
14	15	16	17	18	19	20
21	22	23	24	25	26	27
28	29	30	31			

AOÛT

S	M	T	W	T	F	S
				1	2	3
4	5	6	7	8	9	10
11	12	13	14	15	16	17
18	19	20	21	22	23	24
25	26	27	28	29	30	31

29
LUNDI

30
MARDI

31
MERCREDI

1
JEUDI

JUILLET-AOÛT

2
VENDREDI

3
SAMEDI

4
DIMANCHE

5
LUNDI

6
MARDI

7
MERCREDI

8
JEUDI

AOÛT

9
VENDREDI

10
SAMEDI

11
DIMANCHE

12
LUNDI

13
MARDI

14
MERCREDI

15
JEUDI

AOÛT

16
VENDREDI

17
SAMEDI

18
DIMANCHE

19
LUNDI

20
MARDI

21
MERCREDI

22
JEUDI

AOÛT

23
VENDREDI

24
SAMEDI

25
DIMANCHE

SEPTEMBRE

DIMANCHE	LUNDI	MARDI	MERCREDI
1	2	3	4
8	9	10	11
15	16	17	18
22	23	24	25
29	30		

2019

JEUDI	VENDREDI	SAMEDI
5	6	7
12	13	14
19	20	21
26	27	28

☐ ______
☐ ______
☐ ______
☐ ______
☐ ______
☐ ______
☐ ______
☐ ______
☐ ______
☐ ______
☐ ______
☐ ______
☐ ______
☐ ______
☐ ______
☐ ______
☐ ______
☐ ______

AOÛT

S	M	T	W	T	F	S
				1	2	3
4	5	6	7	8	9	10
11	12	13	14	15	16	17
18	19	20	21	22	23	24
25	26	27	28	29	30	31

SEPTEMBRE

S	M	T	W	T	F	S
1	2	3	4	5	6	7
8	9	10	11	12	13	14
15	16	17	18	19	20	21
22	23	24	25	26	27	28
29	30					

26
LUNDI

27
MARDI

28
MERCREDI

29
JEUDI

AOÛT-SEPTEMBRE

30
VENDREDI

31
SAMEDI

1
DIMANCHE

2
LUNDI

3
MARDI

4
MERCREDI

5
JEUDI

SEPTEMBRE

6
VENDREDI

7
SAMEDI

8
DIMANCHE

9
LUNDI

10
MARDI

11
MERCREDI

12
JEUDI

SEPTEMBRE

13
VENDREDI

- [ ]
- [ ]
- [ ]
- [ ]
- [ ]
- [ ]
- [ ]
- [ ]

14
SAMEDI

- [ ]
- [ ]
- [ ]
- [ ]
- [ ]
- [ ]
- [ ]
- [ ]

15
DIMANCHE

- [ ]
- [ ]
- [ ]
- [ ]
- [ ]
- [ ]
- [ ]
- [ ]

16
LUNDI

17
MARDI

18
MERCREDI

19
JEUDI

SEPTEMBRE

20
VENDREDI

- [ ]
- [ ]
- [ ]
- [ ]
- [ ]
- [ ]
- [ ]
- [ ]

21
SAMEDI

- [ ]
- [ ]
- [ ]
- [ ]
- [ ]
- [ ]
- [ ]
- [ ]

22
DIMANCHE

- [ ]
- [ ]
- [ ]
- [ ]
- [ ]
- [ ]
- [ ]
- [ ]

23

LUNDI

24

MARDI

25

MERCREDI

26

JEUDI

SEPTEMBRE

27
VENDREDI

28
SAMEDI

29
DIMANCHE

OCTOBRE

DIMANCHE	LUNDI	MARDI	MERCREDI
		1	2
6	7	8	9
13	14	15	16
20	21	22	23
27	28	29	30

2019

JEUDI	VENDREDI	SAMEDI
3	4	5
10	11	12
17	18	19
24	25	26
31		

☐ ______
☐ ______
☐ ______
☐ ______
☐ ______
☐ ______
☐ ______
☐ ______
☐ ______
☐ ______
☐ ______
☐ ______
☐ ______
☐ ______
☐ ______
☐ ______
☐ ______
☐ ______

SEPTEMBRE

S	M	T	W	T	F	S
1	2	3	4	5	6	7
8	9	10	11	12	13	14
15	16	17	18	19	20	21
22	23	24	25	26	27	28
29	30					

OCTOBRE

S	M	T	W	T	F	S
		1	2	3	4	5
6	7	8	9	10	11	12
13	14	15	16	17	18	19
20	21	22	23	24	25	26
27	28	29	30	31		

30
LUNDI

1
MARDI

2
MERCREDI

3
JEUDI

SEPTEMBRE-OCTOBRE

4
VENDREDI

5
SAMEDI

6
DIMANCHE

7
LUNDI

8
MARDI

9
MERCREDI

10
JEUDI

OCTOBRE

11
VENDREDI

12
SAMEDI

13
DIMANCHE

14
LUNDI

15
MARDI

16
MERCREDI

17
JEUDI

OCTOBRE

18
VENDREDI

19
SAMEDI

20
DIMANCHE

21
LUNDI

22
MARDI

23
MERCREDI

24
JEUDI

OCTOBRE

25
VENDREDI

26
SAMEDI

27
DIMANCHE

NOVEMBRE

DIMANCHE	LUNDI	MARDI	MERCREDI
3	4	5	6
10	11	12	13
17	18	19	20
24	25	26	27

2019

JEUDI	VENDREDI	SAMEDI
	1	2
7	8	9
14	15	16
21	22	23
28	29	30

- [ ]
- [ ]
- [ ]
- [ ]
- [ ]
- [ ]
- [ ]
- [ ]
- [ ]
- [ ]
- [ ]
- [ ]
- [ ]
- [ ]
- [ ]
- [ ]
- [ ]
- [ ]

OCTOBRE

S	M	T	W	T	F	S
		1	2	3	4	5
6	7	8	9	10	11	12
13	14	15	16	17	18	19
20	21	22	23	24	25	26
27	28	29	30	31		

NOVEMBRE

S	M	T	W	T	F	S
					1	2
3	4	5	6	7	8	9
10	11	12	13	14	15	16
17	18	19	20	21	22	23
24	25	26	27	28	29	30

28
LUNDI

29
MARDI

30
MERCREDI

31
JEUDI

OCTOBRE-NOVEMBRE

1
VENDREDI

☐
☐
☐
☐
☐
☐
☐
☐

2
SAMEDI

☐
☐
☐
☐
☐
☐
☐
☐

3
DIMANCHE

☐
☐
☐
☐
☐
☐
☐
☐

4

LUNDI

5

MARDI

6

MERCREDI

7

JEUDI

NOVEMBRE

8
VENDREDI

9
SAMEDI

10
DIMANCHE

11
LUNDI

12
MARDI

13
MERCREDI

14
JEUDI

NOVEMBRE

15
VENDREDI

- [ ]
- [ ]
- [ ]
- [ ]
- [ ]
- [ ]
- [ ]
- [ ]

16
SAMEDI

- [ ]
- [ ]
- [ ]
- [ ]
- [ ]
- [ ]
- [ ]
- [ ]

17
DIMANCHE

- [ ]
- [ ]
- [ ]
- [ ]
- [ ]
- [ ]
- [ ]
- [ ]

18
LUNDI

19
MARDI

20
MERCREDI

21
JEUDI

NOVEMBRE

22
VENDREDI

23
SAMEDI

24
DIMANCHE

DÉCEMBRE

DIMANCHE	LUNDI	MARDI	MERCREDI
1	2	3	4
8	9	10	11
15	16	17	18
22	23	24	25
29	30	31	

2019

JEUDI	VENDREDI	SAMEDI
5	6	7
12	13	14
19	20	21
26	27	28

☐
☐
☐
☐
☐
☐
☐
☐
☐
☐
☐
☐
☐
☐
☐
☐
☐
☐

NOVEMBRE

S	M	T	W	T	F	S
					1	2
3	4	5	6	7	8	9
10	11	12	13	14	15	16
17	18	19	20	21	22	23
24	25	26	27	28	29	30

DÉCEMBRE

S	M	T	W	T	F	S
1	2	3	4	5	6	7
8	9	10	11	12	13	14
15	16	17	18	19	20	21
22	23	24	25	26	27	28
29	30	31				

25
LUNDI

26
MARDI

27
MERCREDI

28
JEUDI

NOVEMBRE-DÉCEMBRE

29
VENDREDI

30
SAMEDI

1
DIMANCHE

2
LUNDI

3
MARDI

4
MERCREDI

5
JEUDI

DÉCEMBRE

6
VENDREDI

7
SAMEDI

8
DIMANCHE

9
LUNDI

10
MARDI

11
MERCREDI

12
JEUDI

DÉCEMBRE

13
VENDREDI

14
SAMEDI

15
DIMANCHE

16
LUNDI

17
MARDI

18
MERCREDI

19
JEUDI

DÉCEMBRE

20
VENDREDI

21
SAMEDI

22
DIMANCHE

23
LUNDI

24
MARDI

25
MERCREDI

26
JEUDI

DÉCEMBRE

27
VENDREDI

28
SAMEDI

29
DIMANCHE

30
LUNDI

31
MARDI

1
MERCREDI

2
JEUDI

DÉCEMBRE-JANVIER '20

3
VENDREDI

4
SAMEDI

5
DIMANCHE

www.ingramcontent.com/pod-product-compliance
Lightning Source LLC
Chambersburg PA
CBHW081239020426
42331CB00013B/3224
9781640015678